Theresa Einenkel

Wintergedanken

Texte & Poesie

Bibliografische Information der Deutschen
Nationalbibliothek:
Die Deutsche Nationalbibliothek verzeichnet diese
Publikation in der Deutschen Nationalbibliografie; detaillierte
bibliografische Daten sind im Internet über
http://dnb.dnb.de abrufbar.

Herstellung und Verlag: BoD – Books on Demand,
Norderstedt
ISBN: 978-3-754-35745-3

Für alle,
die den Winter,
die Weihnachtszeit
und das geschriebene Wort
(vielleicht sogar alles zusammen)
genauso gern haben wie ich

Theresa Einenkel

Let's go below zero and hide from the sun
I love you forever where we'll have some fun
Yes, let's hit the North Pole and live happily
Please don't cry no tears now, it's Christmas, baby

- Sia, „Snowman"

Ich gehe unter
Gehe unter in diesem Meer
von kleinen bunten glitzernden
Lichtern

Ich verliere mich
Verliere mich in überdimensionalen
Regalen
voller Lebkuchen

Ich werde benebelt
Benebelt vom Duft
winterlicher Gewürze

Und mir wird klar: das ist der schönste Untergang,
den ich haben kann

Umhüllt von einem weißen Mantel
liegt der Garten bedeckt,
schläft ganz friedlich seinen Schlaf

Er wartet brav
auf den Neubeginn
Fragt nicht danach, wann es endlich so weit ist
oder gar nach seinem eigenen Sinn

Ganz kurz bleibt die Zeit hier stehen
und ich kann nicht aufhören
mich an diesem Schauspiel sattzusehen

Verschnörkelter Tisch und Stühle
haben ein fluffiges Polster bekommen,
über dem Gartentor hängt noch gut lesbar
ein "Herzlich Willkommen"

Diese zwei Worte nehme ich als Einladung
zum Leben, dabei wird mir bewusst:
es kann nichts schöneres als das Leben geben

Wir haben das Besondere so unendlich gern und genau deswegen ist Weihnachten nur einmal im Jahr.

Einzigartige Stimmung in der Luft
Zauber der Zeit
Funkelnde Lichterketten
über Weihnachtsmarkthäuschen
Vorfreude in den Augen
weit und breit

Twinkle Twinkle

Tapfer sucht sich die kleine Eisenbahn ihren Weg durch das dichte weiße Winterwunderland. Der glitzernde Schnee lässt sie vergessen, wie kalt es doch ist. Er lässt sie vergessen, welch schwere Last sie beiseite schieben muss, um voranzukommen. Vergnügt lässt die Eisenbahn ein paar Rauchwolken in die Luft aufsteigen. Weißt du, was sie dir mitgebracht hat? Sie hat die edelsten aller Geschenke in ihrem Wagen geladen. Du kannst sie nicht sehen und auch nicht schmecken. Nicht riechen und nicht hören. Weißt du was es ist? Nun, die Eisenbahn weiß ganz genau, dass alles was du brauchst bereits in dir selbst steckt.

An Weihnachten geht es nicht darum, wer das schönste Geschenk hat, sondern denen die wir lieben zu sagen, dass sie das schönste Geschenk sind.

Es scheint, als würden die Engelchen uns im Winter spüren
lassen wollen, dass sie da sind
Dass sie das gesamte Jahr über gut auf uns aufgepasst
haben

Sie werden es auch weiterhin tun,
legen ihre schützenden Hände auf unsere Herzen
und ihre heilenden Hände auf unsere Narben

In den Läden beginnt Weihnachten von Mal zu Mal zwar
immer zeitiger, doch dieses besondere Gefühl wird erst da
sein, wenn die Zeit dafür gekommen ist.
Dieses Gefühl lässt sich nicht erkaufen oder gar künstlich
einleiten.
Es gibt kein bestimmtes Datum, an dem es uns einhüllen
wird und niemand kann es uns wie das Wetter vorhersagen.
Die Erklärung für dieses Phänomen liegt in der Magie.

Freue Dich auch in diesem Jahr auf einen
ganz besonderen Zauber.

Du stehst auf dem höchsten Punkt der Stadt,
unter dir erstreckt sich all der Weihnachtseinkaufstrubel
Sinnierend blickst du darauf hinüber,
in dir drin trägst du deinen ganz eigenen Jubel

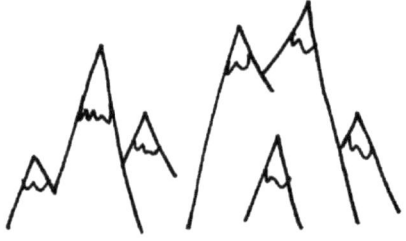

Sag mir all deine Wünsche auf,
erzähle mir deine Geschichte und Gedanken
und von deinen guten und schlechten Tagen,
erzähle mir von deinem Weihnachtswunder

Ich will alles hören,
weil ich niemals müde werde
von deinen Worten in meinen Ohren

Grün und Rot und Gold,
was für treffende Farben für Weihnachten

Grün für die Hoffnung

Rot für die Liebe

Und Gold, das Gold steht für dich

Wenn Glöckchenklang und Sternenstaub durch Lüfte ziehen, dann möchte ich nichts anderes tun, als in deinen Armen zu liegen

Schritt für Schritt
hinterlasse ich meine Fußabdrücke
in federndem Untergrund,
der so weich und trotzdem so Halt gebend
unter mir erstrahlt

Sie knirscht wie verrückt,
diese Fortbewegungsart,
die mittlerweile mehr
an ein Schleichen erinnert

Meine Gedanken ziehen langsam mit,
sie atmen alles genussvoll ein,
was der Moment im Hier und Jetzt bietet

Ich stehe am Fenster, blicke hinab auf die schneebedeckte
Landschaft und der ganze Schnee lässt meine innere Kälte
plötzlich schmelzen

Das klingt paradox, das klingt nach zwei überaus
verschiedenen Welten

(Nennen wir es die umgekehrte Kernschmelze)

Achtest du einmal auf Futterkrippen im Wald,
so findest du sie plötzlich überall
Entdeckst du einmal ein Wunder,
so geschieht es plötzlich von Mal zu Mal

(über Füllhörner)

Wintergedanken

Es wirkte trostlos, wie auf dem Mond,
kalt und dunkel, die Gegend unbewohnt
Vom Himmel fiel eisiger Regen hernieder,
und spiegelte jene Atmosphäre wider

Es wurde kälter und kälter,
veränderungsversprechender Wind zog durch die Wälder
Weißt du, Richtungen sind dafür gedacht,
wenn die Dunkelheit Oberhand hat

So wurde aus bitterschwarzem Felde
ein vor Helligkeit strahlendes Gemälde
Denn aus Regen wurde Schnee -
das was uns heute weh tut,
tut irgendwann nicht mehr weh

Und wenn es auch mal nicht schneit,
so halte ich meine Hand heraus und mache sie auf
Ja, ich bin bereit
Ich vertraue mir selbst, vertraue darauf,
dass alles möglich werden kann, was ich mir erträume

Ruhig schließen wir dieses Jahr ab um, auf das nächste
trubelvolle Chaos gut vorbereitet zu sein.
Was wird uns erwarten?
Auf wen werden wir treffen?
Wir atmen tief aus und wieder ein.
Es sind die letzten Tage dieses Jahres, die wir vollends
genießen.
Wir schauen auf den üppig geschmückten Tannenbaum,
während wir alles Revue passieren lassen.
So viele Ereignisse und Erlebnisse.
So viele Tränen voller Kummer und Freude.
Die Weihnachtszeit, sie passt so gut zum Abschließen.
Wir müssen keinen roten Schlussstrich darunter ziehen,
nein.
Wie können ganz einfach die Seite umblättern und
weitermachen.
Die Hoffnung war nie weg, sie war die ganze Zeit da.
Vielleicht ist uns das nur nicht immer so direkt klar.

Meine Welt voller Sterne, die habe ich schon direkt bei mir, lächelte sie kauend. In der einen Hand eine heiße Tasse mit Bratapfel-Tee, in der anderen etwas zum Naschen. Das Sofa zeigte sich in seiner vollsten Gemütlichkeit, während auf ihrem Schoß eine angerissene Packung der leckersten Zimtsterne lag.

Denkt euch, ich habe ein Rehlein gesehen,
in einer stillen und heiligen Nacht
Es war so scheu, so lieb und so schön,
hat uns Ruhe und Frieden herbeigebracht

Theresa Einenkel

Weihnachten ist keine Zeit
Weihnachten ist ein Gefühl
Weihnachten wurde mir noch nie zu viel
Für Weihnachten war ich schon mehrere Monate
zuvor bereit

Wenn ich es mir recht überlege,
so ist es nicht nur der Winter,
den ich über alles liebe

Es ist der Herbst
mit seinen Farben
und der Atmosphäre,
die zu Waldspaziergängen einlädt

Es ist der Sommer,
der mich mit seiner Wärme kitzelt
und der mich das Meer lieben lässt

Und es ist auch der Frühling,
der mir von stetig
neuem Erwachen, Blühen und Wachsen
erzählt

Ich liebe jede Jahreszeit
Ich liebe den Reiz jeder Zeit

(Dankbarkeit)

Ich lasse die klare, frische Luft des Winters durch das weit geöffnete Fenster in mein Zimmer hinein und kann schon beinahe Rauchwölkchen aus meinem Mund stoßen. Es fühlt sich so wunderbar klärend an, dass ich das Gefühl bekomme, auch mein Kopf würde durchgelüftet werden.
Raus mit der abgestandenen, alten Luft.
Raus mit dem was war.
Platz für das, was kommen wird.
Platz für Hoffnung, Liebe, Licht und Wärme.

Sieh nur, direkt vor dir auf dem Boden des Waldes hat dir ein Eichhörnchen etwas dagelassen. Es ist als buschiges Etwas kurz vor dir hier entlanggeflitzt. Fein säuberlich liegen da nun drei Haselnüsse für dich, nachdem du bereits unzählige Waldwege passiert hattest. Du musst lächeln, weil du genau weißt, was das bedeutet. Es sind drei Haselnüsse, die dafür stehen, dass du niemals alleine bist. Sie sagen dir, dass du niemals aufhören sollst an deine Wünsche zu glauben. Und, sie geben dir mit auf den Weg, dass Wunder geschehen. Behalte diese Gedanken immer bei dir.

Es ist endlich wieder so weit,
die Pyramiden werden sich unermüdlich drehen

Es ist endlich wieder so weit,
lass uns durch den Weihnachtsmarkt spazieren gehen

Ja, es ist endlich wieder so weit,
ich kann den Glitzer in der Luft schon förmlich sehen

Warum heißen die Lebkuchen Lebkuchen?
Leben und Kuchen. Vielleicht, weil es kleine Küchlein sind,
die zur Feier des Lebens gegessen werden.
Leben und Kuchen - was für eine wunderschöne
Kombination.

Egal wie oft ich versuche, die Weihnachtszeit zu beschreiben und wie viel Mühe ich mir dabei gebe. Kein Satz der Welt kann genau das ausdrücken, was zu dieser Zeit vor sich geht. Keine Kamera kann den Glanz festhalten, zu der die Welt während dieser Zeit erstrahlt.
Diese Zeit muss erlebt und gefühlt werden.

Dampfende Tassen,
klingende Glöckchen
in vollen Gassen

Kinder, die Gedichte aufsagen,
schokolierte Äpfel und
freudiges Warten

Lebkuchenherzen wollen
gegessen werden,
in diesem Paradies
auf Erden

Schönheit können wir überall entdecken,
in Fenstern, die die Lichter der Straße widerspiegeln,
im Muster des Geschenkpapiers
und in Tannenzweigen, die sich sacht im Winde wiegen

Schönheit liegt im Winkel des Blicks,
Schönheit liegt im Kleinen und in Details,
die überall zu entdecken sind,
überall ist eine Überraschung für dich versteckt

Beschlagene Scheiben in der Bahn,
male mit meinem Finger ein Herz hinein
Könnte stundenlang so weiterfahren,
doch alles schöne geht immer vorbei

(und kommt wieder)

In den eisigsten Zeiten
war mir selbst mit Handschuhen bitterböse kalt,
ich dachte, ich bin nicht gut genug und mache alles falsch

Nach jedem Aufstehen und Weitermachen,
nach jedem Neubeginn und Loslassen,
führt meine Wanderung nun voller Freude
durch den frostigen Winterwald

So friedlich liegt er da, der See aus Eis,
seine Oberfläche in unberührtem weiß
strahlt mit seiner unendlichen Weite
unendliche Ruhe aus,
sodass ich denken muss, ich gehöre hierher;
dieser Ort ist mein zweites Zuhaus`

Früher besaß ich Adventskalender,
die waren gefüllt mit weihnachtlichen Sprüchen und
Schokolade und es war mir jeden Tag eine Freude nach dem
Aufstehen zu lesen und zu naschen.

Heute sind die Adventskalender völlig überladen,
der eigentliche Sinn schon längst verloren.
Immer voller, immer größer, immer toller.

Dabei bekommen wir auch so jeden Tag große Geschenke.
Jedes neue Aufwachen am Morgen ist so viel mehr wert, als
die teuerste Überraschung.

Gemütlich flackernde Schatten auf Wänden
- Kerzenscheinzeit
Eine Tasse Kakao mit sehr viel Sahne zwischen deinen
Händen
- Bist du bereit?
Für Kuscheldecken-Abende und Wanderungen im Schnee
- Zwiebellookstyle
Bis Weihnachten ist es nicht mehr weit

In gleichmäßigem Tempo schwingst du deine Kufen hin und her. Du machst dir über nichts Gedanken. Völlig sorgenfrei schlitterst du über die glatte Eisfläche. Könnte es nicht öfter so entspannt sein? Könnten die zu vielen Gedanken nicht öfter weniger sein? Hin und her. Nur du und deine Eislaufschuhe.

Du bist meine Zimtblüte und
mein Nelkenblumenstrauß

Du bist mein Vanilleeis
und mein Sternanishimmel

Du bist mein Weihnachten
an jedem einzelnen Tag des Jahres

Wir stehen alle gemeinsam um einen Tisch des
Weihnachtsmarktes und genau auf diesem Tisch stehen
mehrere Tassen, gefüllt mit duftendem Punsch

Über unseren Köpfen erstrahlen mehrere Sternschnuppen,
sie sind für dich da und für deinen Wunsch!

Es war inmitten einer stillen Nacht,
in der ich mal wieder nicht schlafen konnte
und genau da habe ich mir gedacht,
wieso sich mein Kopf nur immer
so viele Gedanken machen wollte

Denn das was nicht ist, das kann alles werden,
das vor dem ich Angst habe, muss nicht unbedingt eintreten,
dafür gibt es zu viele Möglichkeiten,
die stattdessen passieren können hier auf Erden

Stell dir vor, deine einstigen Sorgen dieses Jahres waren umsonst. Stell dir vor, wie du deinen inzwischen kalt gewordenen Marzipan-Kirsch-Tee trinkst, weil du ihn vor lauter Freude ganz vergessen hast. Stell dir vor, deine Ängste von Januar sind im Dezember nicht mehr der Rede wert. Stell dir vor, wie du lächelst. Ich weiß, wie stark du bist und dass du immer weiterkämpfen wirst.

Die vielen Punkte wollen dir zeigen, wie viele schöne
Momente auf dich im neuen Jahr warten. Sie stecken bereits
in den Startlöchern und jedes dieser noch so kleinen
Farbmoleküle erinnert an die Quelle des Glücks.
Unendlich bunte Fontänen, die sich über den ganzen
Himmel ausstrecken und ineinander übergehen. Ein Regen,
der in Konfetti übergeht. Buntes Konfetti für dich.
Erinnerungen, die du machen wirst und an die du dich noch
für lange Zeiten erinnern wirst.

Früher war mehr Lametta.
Früher war alles besser.
Dabei war Früher nur eine andere Version unseres Lebens.
Dabei haben wir auch jetzt, genau jetzt und jederzeit, die
Chance wieder Lametta in unser Leben zu bringen.
Jeder traurige Moment vergeht.
Jeder Moment trägt das Potenzial in sich, zu einem schönen
heranzuwachsen.

Runde für Runde,
geschwungener Tanz um den Tannenbaum

So vergeht Stunde um Stunde,
das Verstreichen der Zeit, das bemerken wir kaum

Es gibt Enden des Jahres,
die schließen wir anders ab

Weil ein anderes Herz
in unserem eigenen Herzen weiter schlägt

Es fehlt etwas,
besser gesagt: jemand

Dieser jemand schaut uns jetzt
von woanders zu

Und spürt die Lebendigkeit von uns
und unserem weinenden Herzen

Wir wissen,
dass wir für immer miteinander
verbunden sein werden

Die Grenze scheint überwindbar

Die Grenze zwischen Himmel und Erde

Wenn es einen Handwärmer für Herzen gäbe,
so wären nicht nur meine Hände warm,
sondern auch mein Herz

Wenn es einen Handwärmer für Herzen gäbe,
so würde alles ein bisschen weniger wehtun,
ein bisschen weniger Kummer, ein bisschen weniger
Schmerz

Wenn es einen Handwärmer für Herzen gäbe,
so würde ich ihn nicht kaufen,
denn mein Handwärmer für's Herz,
das bist und bleibst du

Einen Wunschzettel
habe ich nicht geschrieben,
weil das, was ich brauche,
das ist schon längst hier
Die, die mich lieben,
die sind bei mir geblieben
und die, die ich liebe,
die sind ganz nah bei mir

Egal, wo du gerade bist,
ob unter Mistelzweigen oder nicht,
das Glück wartet immer auf dich

(und ist bereit, dir einen Kuss auf deine Stirn zu drücken)

Die Gemeinsamkeiten von einem Lachanfall und
Plätzchenteignaschen?

Beides bereitet Bauchschmerzen
Beides macht alles wieder gut

Lieber Winter,

du lässt mich träumen,
du lässt mein Kopfkino Schneeflocken ans Fenster malen,
du lässt meine bleiernen Gedanken des Jahres los
und du lässt mich neue Kraft schöpfen

Sag mir, wie machst du das bloß?

Die Schneeflocken
wissen ja auch wie es geht,
dieses „sich fallen lassen"
und das Bedecken
von dem, was früher war
mit rücksichtsvoll zarten Decken

Heute ist so ein Tag,
an dem fühle ich mich
wie in goldfarbene Zuckerwatte eingepackt

Ich kann dir nicht oft genug sagen,
wie sehr ich dich doch mag -
Schauen wir heute zusammen die Sterne an?
Du und ich auf den Dächern unserer Stadt

Ziel ist ja nicht ein einziger Tag,
Ziel ist das Drumherum
Spekulatius, dicke Wollsocken, Adventszeit
Kuschelatmosphäre und Besinnlichkeit

Die Marmeladenglasmomente des Sommers
sind die Schneekugelmomente im Winter

(Lasst uns fleißig sein und so viele wie möglich davon
sammeln)

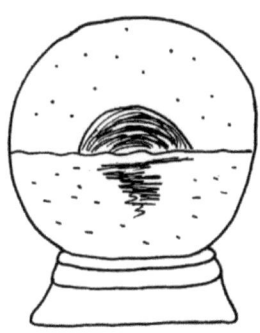

Von Jahr zu Jahr scheint die Zeit schneller und schneller zu vergehen. So war es auch in diesem Jahr. Ich habe mir, so wie in jedem Jahr gedacht, dass das früher nicht so war. Früher verging die Zeit langsamer. Auf den Winter habe ich länger gewartet als jetzt. Und obwohl der Winter nun des Öfteren vor meiner Tür zu warten scheint, so genieße ich ihn dennoch. Vielmehr: gerade deswegen. Ich habe seine Vergänglichkeit, seine Schnelllebigkeit noch mehr zu schätzen gelernt.

"Auch Graues kann funkeln", sagte sie,
sich spiegelnd in einer grau glitzernden Weihnachtskugel

(sie war es, die sie *graue Maus* nannten)

Eine Stunde draußen frieren
entspricht drei Stunden drinnen aufwärmen

Relationen, die es nur im Winter gibt

Die einzige Relation dieser Art, die ich in Kauf nehme

Der Stadtpark hatte sich verwandelt.
Er hatte sein orangefarbenes Kleid abgelegt und durch einen cremefarbenen Kuschelpullover ersetzt.
Veränderung.
Sie stand mittendrin und atmete die mittlerweile eisige Luft ein, die ihre Lunge durchströmte. Was für ein herrlich erfrischendes Gefühl, dachte sie sich und schloss die Augen um es zu genießen.
Nur eine kurze Pause.
Sie war bereit, aus ihrem Schatten zu treten und endlich das zu tun, was sie glücklich werden ließ. Die Sehnsucht danach war so groß, dass ihr ihre eigenen Ängste plötzlich egal wurden.
Neuanfang.
Sie hatte zwar Respekt, doch tief in ihrem Inneren wusste sie, dass es gut werden würde.
Der Stadtpark stand auf ihrer Seite.

Freue dich nicht nur auf morgen,
freue dich auch auf heute und übermorgen

(es gibt tausend Gründe dafür)

Lass mal einen Weihnachtstanz tanzen
Lass mal ausblenden, all die überflüssigen Gedanken
Lass mal eine Schneeballschlacht machen
Lass mal ganz herzlich dabei lachen

Mein Schal - so groß und so breit wie eine Decke,
liebe es in ihm zu tauchen

Siehst du mich, wie ich mich darin verstecke?
Öffne kurz meinen Mund, um warme Luft auszuhauchen

Gemütlichkeit breitet ihre Flügel selbst hier draußen aus,
sie schlängelt sich durch jeden Weg, bis zu dir hin

Egal, ob bis zu den Spitzen eines jeden Baumes,
oder bis zu dem ohne Unterlass knisternden Kamin

Die Geräusche? Anders
Die Gerüche? Anders
Die Kulisse? Alles anders

Meine Sinne möchten alles
ausprobieren
auskosten
und sich darin baden

(Badezusatz der besonderen Art)

Ich muss nur das Wort *Mandarine* hören und schon gaukelt
mir mein Kopf vor, ich würde diese Frucht riechen.
Als befände sie sich direkt vor meiner Nase. Ist es nicht
erstaunlich, was Vorstellungskraft bewirken kann?
(Nicht nur bei Mandarinen.)

Der Boden gefroren,
und im Sommer wachsen wieder Erdbeeren daraus

Dein Herz gebrochen,
und irgendwann fliegen wieder Schmetterlinge heraus

Es ruft die alltägliche Lichterkettendosis,
die sich in Fenstern spiegelt
und uns von allen Seiten einhüllt

Donuts mit Zimtfüllung,
von oben bis unten bestreut mit Puderzucker,
als wäre es Schnee,
setzen der Weihnachtsstimmung eine Krone auf

Je mehr Schritte ich in den puderzuckerleichten Schnee setzte, desto mehr verschwanden von meinen schweren Gedanken

Sanft leitete der Herbst den Winter ein,
deckte die Natur mit einer schützenden Blätterdecke zu

Die ganze Gegend nochmal bemalt
mit einer Fülle an Orange,
bevor sich das kontrastreiche Weiß ankündigen wird

Zarte Sonnenstrahlen, die dir zeigen wollen,
dass sie niemals ganz verschwinden

Das Funkeln hier unten
so groß und so beeindruckend,
als wäre ein ganzes Himmelszelt aufgespannt

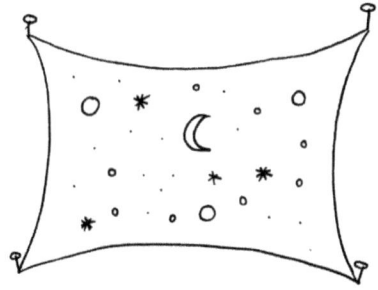

In dieser einen Nacht voller Sternschnuppen,
da gehe ich nicht raus,
denn was soll ich mir noch wünschen,
wenn alles bereits neben mir
auf dem Sofa sitzt
und wir uns Kopf an Kopf
aneinanderkuscheln

Wintergedanken

Melodische Splitter erklingen von überall her,
tauchen die Stadt in ein liebliches Meer
Ich schnappe so viel wie möglich davon auf,
denn mein Kopf macht daraus
eine riesige Welle aus Harmonie -
Diese Erinnerung vergesse ich nie,
nehme sie mit ins neue Jahr hinein,
das wird eine Energiequelle für mich sein,
mein Motor an von Traurigkeit durchzogenen Tagen,
mein Antrieb, niemals zu verzagen

Und immer wieder
höre ich in Gedanken jene Lieder...

Und ich passe auf mein Herz auf

Passe auf, dass dieses Weihnachten nicht wieder ein *letztes
Weihnachten* wird, an dem du mir
mein Herz gebrochen hast
Ich lege mein Herz nur noch in jene Hände, die es nicht
sofort wieder herauslegen

In jene Hände, die damit umgehen,
als wäre es ihr eigenes Herz

Wintergedanken

Nur ein einziges Mal wünsche ich mir ein Weihnachten
zurück, wie ich es als Kind wahrgenommen habe

Noch einmal das Gefühl von damals fühlen

Diese besondere Stimmung schon am Morgen eines jeden
24. Dezembers

Weihnachten ist und bleibt nach wie vor wunderschön,
wenn auch auf eine andere Weise

Und so trage ich leise, ganz leise
den Glanz aus Kindheitstagen weiter in meinem Herzen

Vier Kerzen erhellen an jenen Tagen eine ganze Wohnung,
doch nur du erhellst mein ganzes Herz an jedem Tag

Wintergedanken

Ganz still liegt mir die Welt zu Füßen
und ich denke mir, dass es ruhig öfter so ein könnte

Öfter ruhig, öfter friedlich,
schwerelos und unbekümmert

Wie die Winterluft, die ich atme

Vorsichtig drücke ich einen letzten Kuss
auf des Vogels Federkleid,
es bleibt ein Kuss für die Ewigkeit
Bereit für seine Reise,
fliegt der Vogel dem Himmel entgegen,
der einstige Blätterregen
verwandelt sich in viele weiße, kleine Daunen,
bringt mich dort unten lächelnd zum Staunen

Was ich mir vom neuen Jahr erhoffe,
ist gar nicht so viel

Nur, dass ausnahmsweise alles gut wird

Gute Miene zum guten Spiel

Ein bisschen mehr zu Hause, ein bisschen weniger verirrt

Zwischen all den Sorgen, Ängsten, Zweifeln,
die das Leben mir bietet,
sind da immer wieder gut verteilt
Lichtblicke, Herzensmomente, Wundermenschen,
die an jeder Ecke auf mich warten

(weiterlaufen um sie zu entdecken)

Theresa Einenkel

Was ich dir nun noch wünsche, sind warme Gedanken
und ob und wie du Weihnachten feierst, spielt keine Rolle.
Ich wünsche mir einfach nur, dass du eine schöne Zeit hast
und dass du niemals das Leuchten in deinen Augen verlieren
wirst.

Zu guter Letzt möchte ich mich bei dir bedanken.
Danke, dass du dieses Buch gekauft und mich damit
unterstützt hast.
Danke, dass du mein Buch in deinen Händen hältst.
Danke, dass du es gelesen hast.
Danke. Danke. Danke.

Ich hoffe, wir lesen uns bald wieder

Deine ♡
Theresa

Theresa Einenkel

Theresa Einenkel, geboren irgendwann in den 90ern,
versteht sich im Grunde genommen nicht als Autorin.
Sie ist jemand wie Du und Ich und liebt es, ihre Gedanken zu
Papier zu bringen.

Wer mehr Texte von ihr lesen möchte, kann gerne bei
Instagram unter dem Namen *dasporzellanmaedchen*
vorbeischauen.